Mynd i'r Clwb
a storïau eraill

I gyd-fynd â Taith Iaith 1

Non ap Emlyn

Lluniau gan Mike Collins

Cyhoeddwyd gan **Y Ganolfan Astudiaethau Addysg**, Aberystwyth gyda
chymorth ariannol Awdurdod Cymwysterau, Cwricwlwm ac Asesu Cymru.
Gwefan: www.caa.aber.ac.uk

ISBN: 1 84521 017 4
ISBN: 1 84521 018 2 (set)

Golygwyd gan Fflur Pughe a Non ap Emlyn
Dyluniwyd gan Richard Huw Pritchard

Diolch i Aled Loader, Luned Ainsley, Ann Lewis, Angharad Evans,
Gwenan Nicholas a Dafydd Roberts am eu harweiniad gwerthfawr.

Argraffwyr: Gwasg Gomer

Mynd i'r Clwb

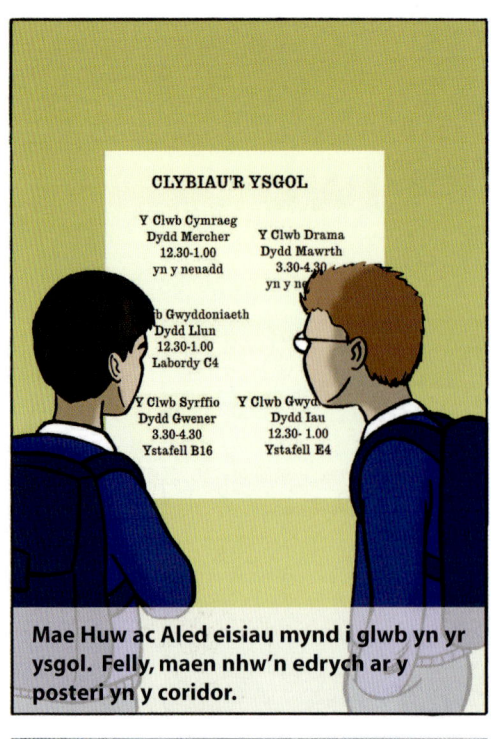

Mae Huw ac Aled eisiau mynd i glwb yn yr ysgol. Felly, maen nhw'n edrych ar y posteri yn y coridor.

Mae Huw yn hoffi bod tu allan. Felly mae e eisiau mynd i glwb tu allan.

Mae Beca a Lisa'n dod. Maen nhw'n edrych ar y posteri hefyd.

Mae Lisa eisiau mynd i'r clwb gwyddoniaeth ond dydy Huw ddim. Mae e eisiau bod tu allan.

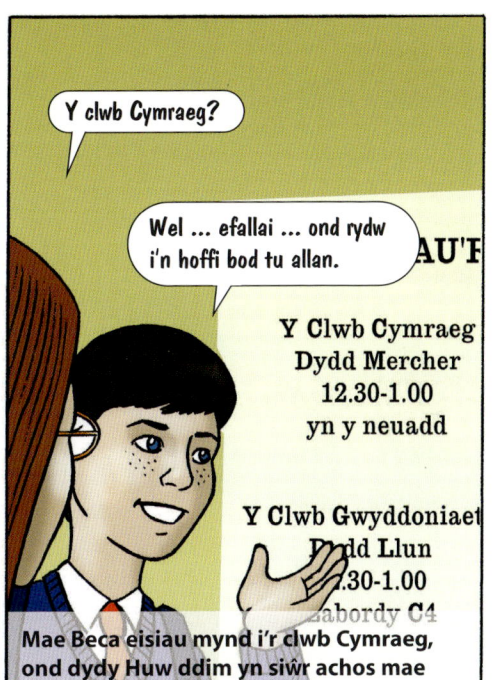

Mae Beca eisiau mynd i'r clwb Cymraeg, ond dydy Huw ddim yn siŵr achos mae e'n hoffi bod tu allan.

Mae Huw'n gweld y poster am y clwb syrffio. Mae e eisiau mynd i'r clwb syrffio.

Dydy Lisa ddim yn siŵr am Huw yn mynd i'r clwb syrffio, ond mae Huw yn hapus iawn.

Maen nhw'n siarad am y clwb syrffio.

Mae Huw'n teimlo'n gyffrous.

Mae Lisa, Beca, Aled a Huw yn penderfynu ar glwb.

Mae Huw'n edrych ymlaen at y clwb syrffio.

Dydd Llun, mae Huw yn ymuno â'r clwb syrffio.

Mae Aled yn ymuno â'r clwb gwyddbwyll.

Mae Lisa'n ymuno â'r clwb gwyddoniaeth ...

... ac mae Beca'n ymuno â'r clwb Cymraeg.

Dydd Gwener

Dydyn nhw ddim yn edrych fel syrffwyr.

Dydd Gwener, mae Huw yn mynd i'r clwb syrffio.

Mr Williams? Mae e'n hoffi syrffio? Bobl bach!

Dewch i mewn.

Mae e'n cael sioc. Mae Mr Williams, yr athro technoleg gwybodaeth, yn mynd i'r clwb syrffio hefyd.

Croeso i'r clwb syrffio. Rydych chi'n mynd i gael amser da – gobeithio!

CLWB SYRFFIO'R WE
CROESO

Yna, mae Mr Williams yn croesawu'r bechgyn a'r merched.

O na ... clwb syrffio'r we. Ond rydw i'n hoffi bod tu allan!

Mae Huw yn siomedig iawn!

8

Y Cwis

Un bore, mae'r athro Cymraeg yn siarad â'r dosbarth am gwis arbennig ar y teledu.

Mae Aled a Huw eisiau i Lisa fynd ar y cwis.

Mae Lisa'n ffonio Teledu'r Bobl.

Mae Teledu'r Bobl eisiau tîm o bedwar person.

Ond beth am Huw! Rwyt ti a Lisa'n dda am ateb cwestiynau, ond mae Huw yn ... wel ... mmm ...

Anobeithiol?

Diolch yn fawr, Beca ac Aled.

Ond mae Beca yn poeni – dydy Huw ddim yn dda iawn am ateb cwestiynau.

Wel, beth am helpu Huw, 'te? Beth am ddod i'r tŷ nos Wener i ymarfer ar gyfer y cwis?

Nos Wener?!?!?!? Dim perygl!

Felly, mae Aled, Beca a Lisa yn penderfynu helpu Huw nos Wener. Dydy Huw ddim yn hapus iawn!

Nos Wener

Dydw i ddim eisiau bod yma. Rydw i eisiau mynd allan ar nos Wener.

Meddylia am y wobr, Huw.

Nos Wener, maen nhw'n mynd i dŷ Lisa. Dydy Huw ddim yn hapus achos mae e'n hoffi mynd allan ar nos Wener.

Mmmm, gwyliau yn Fflorida. Hyfryd!

Mae Beca'n meddwl am y gwyliau yn Fflorida.

11

Mae Lisa ac Aled yn meddwl am y gwyliau hefyd, ond mae Huw'n meddwl am fynd i weld tîm Cymru yn chwarae pêl-droed yn y stadiwm yng Nghaerdydd.

Mae'r ffrindiau'n dechrau helpu Huw ar gyfer y cwis. Mae Beca'n gofyn cwestiwn ond dydy Huw ddim yn trio.

Yna, mae Lisa'n gofyn cwestiwn ond dydy Huw ddim yn trio.

Yna, mae Aled yn gofyn cwestiwn ond dydy Huw ddim yn trio.

Does dim pwynt! Pwy sy eisiau mynd i'r clwb?

Dim diolch, mae cwis yno heno!

Does dim pwynt trio helpu Huw. Felly, maen nhw'n stopio.

Dydd Sadwrn

Helo, croeso. Jackie ydw i. Pwy ydych chi?

Lisa ydw i, a dyma Aled, Beca a Huw.

Dydd Sadwrn, mae'r pedwar ffrind yn mynd i stiwdios Teledu'r Bobl.

Dewch i gael colur.

Colur!?! Dim perygl!

Mae Lisa, Aled a Beca'n mynd i gael colur, ond dydy Huw ddim eisiau colur.

Helo, Huw ydw i.

Sut mae? Rhys ydw i. Ydych chi'n mynd ar y cwis?

Ydw.

Wel, rydych chi'n mynd i fod yn lwcus iawn heno.

O?

Mae Huw'n siarad â Rhys. Mae e'n gweithio yn y stiwdios. Maen nhw'n siarad am amser hir.

13

Ydych chi'n nerfus?

Ydw.

Ychydig.

Nac ydw! Rydw i'n edrych ymlaen.

Mae'r pedwar ffrind yn barod. Mae Lisa, Beca ac Aled yn nerfus, ond dydy Huw ddim yn nerfus. Mae e'n hapus iawn.

Huw, os dwyt ti ddim yn gwybod yr ateb, paid ateb. Mae Lisa'n siŵr o wybod.

Mae Aled eisiau ennill.

Beth ydy enw prifddinas Awstralia?

Sydney.

Huw ....!

Anghywir. Canberra ydy'r ateb.

Mae'r cwis yn dechrau, ond mae Huw yn rhoi ateb anghywir. Mae Lisa yn flin.

Beth ydy enw'r mynydd uchaf yn y byd?

Ben Nevis.

Huw ....!

Anghywir. Everest.

Mae Huw yn rhoi ateb anghywir arall. Mae Lisa ac Aled yn flin.

Enwch opera sebon Gymraeg.

Pobl y Fferm.

Huw ....!

Anghywir.

Mae Huw yn rhoi ateb anghywir arall ... ac un arall ... ac un arall ... ac un arall.

A dyna ddiwedd y cwis. A'r sgôr ydy, Tîm Lisa – 5 pwynt. Tîm Jason, 60 pwynt.

O, rydw i'n teimlo embaras.

Rydw i'n teimlo'n flin iawn. Lladda i fe!

Ar ôl hanner awr, mae'r cwis yn gorffen. Mae'r tîm arall yn ennill.

Ac felly, mae tîm Jason yn mynd i Fflorida.

O, hoffwn i fynd i Fflorida!

A fi. Dydy Huw Jones ddim yn mynd i Fflorida – BYTH – achos rydw i'n mynd i ladd Huw Jones ar ôl y rhaglen yma!

Mae tîm Jason yn ennill y wobr, gwyliau yn Fflorida ym mis Mehefin. Mae Beca a Lisa'n flin iawn, iawn.

A heno, mae syrpreis arbennig i'r tîm arall hefyd.

Beth?

Dydw i ddim yn gwybod.

Ond mae syrpreis i dîm Lisa.

15

Rydyn ni'n cael pen-blwydd arbennig heno. Mae 'Pwy ydy'r gorau?' yn 1 oed, felly rydyn ni'n mynd i roi gwobr i'r tîm arall heno hefyd – gwobr pen-blwydd.

O?

Mae'r rhaglen yn 1 oed heno ac felly mae gwobr i dîm Lisa hefyd.

Dyma bedwar tocyn i chi fynd i weld tîm pêl-droed Cymru yn chwarae yn y stadiwm yng Nghaerdydd.

Cŵl!

Maen nhw'n cael pedwar tocyn i fynd i weld tîm pêl-droed Cymru'n chwarae yn y stadiwm yng Nghaerdydd. Mae Aled yn hapus iawn.

Wel, Huw, rydyn ni'n lwcus.

Mae'n well gyda fi fynd i weld y gêm na mynd i Fflorida – dyna pam rydw i wedi ateb pob cwestiwn yn anghywir!

Mae Huw'n hapus hefyd … ond roedd e'n gwybod am y wobr – diolch i Rhys!

Edrych Ymlaen

Mae hi'n ddydd Mercher, Gorffennaf 10 – diwrnod y Ffair Haf. Mae llawer o stondinau diddorol yn y ffair – stondinau llyfrau, cacennau, poteli, tombola, eliffant gwyn.

Rydw i'n hoffi dysgu sgiliau syrcas.

A fi, ond mae'n anodd.

Mae pawb yn cael amser da. Mae Beca a Lisa'n dysgu sgiliau syrcas.

Rydw i'n edrych ymlaen at y gêm yma!

A fi.

Mae Huw ac Aled yn sefyll mewn ciw. Maen nhw'n mynd i chwarae gêm arbennig.

Dau ddeg sbwnj os gwelwch yn dda.

SBWNJS GWLYB 10C

Maen nhw'n mynd i daflu sbwnj gwlyb at Mr Edwards, yr athro Cymraeg. Mae Huw yn hapus iawn.

Yna, mae'r pedwar ffrind yn mynd i siarad â Madam Davida. Mae hi'n edrych i mewn i'r bêl ac mae hi'n dweud beth fydd yn digwydd.

Mae Madam Davida yn siarad â Lisa a Beca am y dyfodol.

Mae hi'n siarad ag Aled am y dyfodol.

Yna, mae hi'n siarad â Huw. Mae e'n hapus iawn. Mae'r dyfodol yn edrych yn gyffrous iawn!

Dydd Sadwrn

Hei, edrychwch yn y papur newydd. Mae seremoni arbennig yn y parc saffari heddiw – mae Gina yn agor adeilad newydd yno.

Pwy?

Gina – mae hi'n canu gyda'r *Safari Babes*.

Dydd Sadwrn, mae trip y clwb ieuenctid yn mynd i'r parc saffari.

Mae hyn yn bwysig. Mae hi'n fach ... mae hi'n bert ... ac edrychwch – gwallt coch!!! Rydw i'n mynd i gael bwyd gyda rhywun bach, pert, gyda gwallt coch. Mae Madam Davida wedi dweud!

Mae Huw'n teimlo'n gyffrous iawn!

Beth wyt ti eisiau i fwyta, cariad?

Mae e'n meddwl am fwyta cinio gyda Gina mewn tŷ bwyta smart iawn.

A hefyd, bydd fy llun i yn y papur newydd. Bydda i'n enwog.

Mae e'n meddwl bydd llun arbennig yn y papur newydd.

Mae'r bws yn mynd drwy'r parc saffari.
Maen nhw'n gweld y camelod, yr eliffantod
a'r jiraffod.

Yna maen nhw'n mynd i mewn at y
babŵns. Mae pawb yn mwynhau.

Mae un babŵn yn agor y ffenest ar dop
y bws ac mae e'n neidio i mewn.

Dydy Huw ddim yn hapus iawn nawr!

Wrth lwc, mae warden yn gweld beth sy'n digwydd ac mae e'n dod i helpu.

Mae Aled yn atgoffa Huw o eiriau Madam Davida.

Mae'r ffrindiau'n mynd i'r ffair. Maen nhw'n mwynhau'r llong enfawr.

Yna, mae Aled a Huw yn mynd ar y rolyr coster.

Aled?

Ie, Huw?

Problem, rydw i'n meddwl.

Maen nhw'n cael llawer o hwyl, ond yna mae problem. Mae'r car bach yn arafu ... ac mae'n stopio – yn y dŵr.

Aled?

Ie, Huw?

Rydw i'n wlyb!

Mae'r dynion yn mynd i helpu'r ddau allan o'r car bach, ond mae Huw yn syrthio i mewn i'r dŵr.

Ydych chi'n iawn?

Bobl bach!

Rydw i eisiau mynd adre!

Mae llawer o bobl yn dod i weld beth sy'n digwydd.

Wel, beth ydych chi'n feddwl o Madam Davida 'te? 'Bydd ffrind yn cael problem ond byddwch chi'n mwynhau.'

Wel, ie – mae Huw ac Aled wedi cael problem, ac rydyn ni wedi mwynhau.

Ar y ffordd yn ôl i'r bws, mae Lisa'n cofio geiriau Madam Davida.

'Byddi di'n mynd ar drip arbennig iawn ond bydd problem ar y dŵr.'

Rydw i wedi mynd ar drip arbennig iawn ac rydw i wedi cael problem ar y dŵr.

'Byddi di'n cael bwyd gyda rhywun bach ... pert ... gyda gwallt coch ... a bydd dy lun di yn y papur newydd.'

Wel, rydw i wedi cael bwyd ... gyda babŵn mawr, hyll ... ond beth am y llun?

Mmm, dydw i ddim yn gwybod.

Dydd Llun

Wyt ti'n cofio Madam Davida'n dweud 'bydd dy lun di yn y papur newydd'?

Ydw.

Dydd Llun, mae Huw ac Aled yn dod i'r ysgol. Mae Lisa'n aros am y bechgyn.

Mae Lisa'n dangos papur newydd i'r bechgyn. Ar y dudalen flaen mae llun arbennig – llun Huw yn y parc saffari!